VENTE
du Vendredi 8 Mars 1912

HOTEL DROUOT — SALLE N° 9
A 2 HEURES

EXPOSITION PUBLIQUE
Le Jeudi 7 Mars 1912
DE 2 HEURES A 6 HEURES

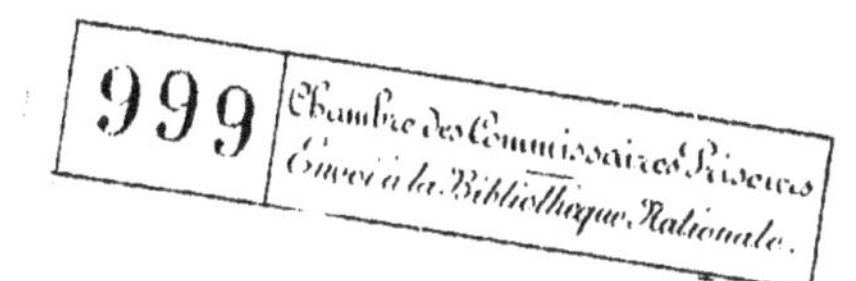

TABLEAUX

Anciens et Modernes

DESSINS

MINIATURES

COMMISSAIRE-PRISEUR

Mᵉ EDOUARD FOURNIER

EXPERT

M. BLEE

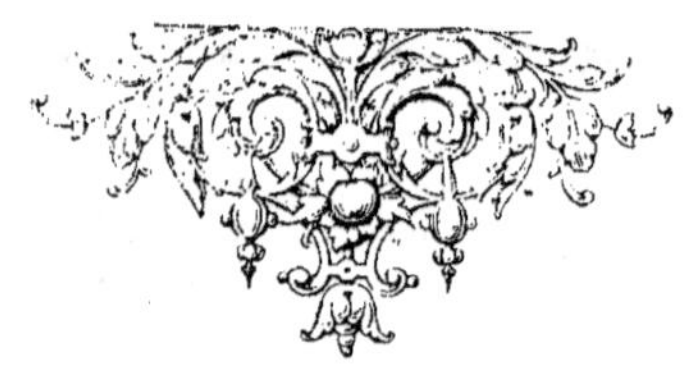

C. Chaufour, Imprim.
6-8. Rue Millon, Paris

CATALOGUE

TABLEAUX

ANCIENS ET MODERNES
Dessins
MINIATURES

par ou attribués à

Adam, Bastien-Lepage, Beaulieu, Beroud, Boilly, Bonvin
Boudin, Couture, Daubigny, Diaz, Detaille
L.-E. Fournier, Gavarni, Isabey, Leprince, Lepine, W. Meister
J.-F. Millet, Oudy, Palizzi, Rubens, Téniers, etc.

DONT LA VENTE AUX ENCHÈRES PUBLIQUES AURA LIEU

HOTEL DROUOT — SALLE N° 9
Le Vendredi 8 Mars 1912

A DEUX HEURES

Mᵉ EDOUARD FOURNIER	M. BLÉE
COMMISSAIRE-PRISEUR	EXPERT
29, Rue de Maubeuge, 29	53, Rue de Châteaudun, 53

EXPOSITION PUBLIQUE

Le Jeudi 7 Mars 1912, de deux heures à six heures

CONDITIONS DE LA VENTE

———

La vente sera faite expressément au comptant.

Les acquéreurs paieront 10 o/o en sus des enchères.

L'exposition mettant le public à même de se rendre compte de l'état des objets, il ne sera admis aucune réclamation une fois l'adjudication prononcée.

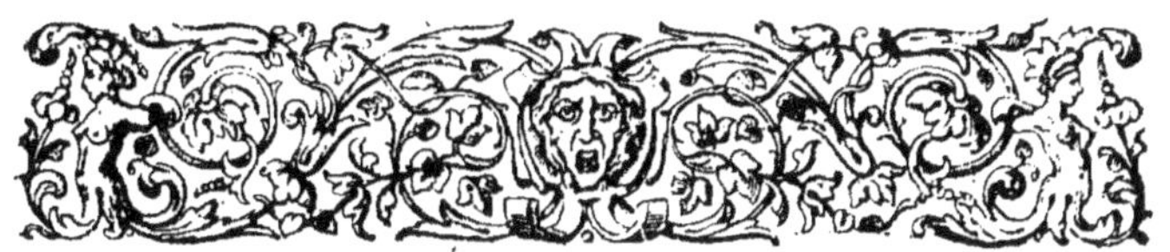

DÉSIGNATION

―――

TABLEAUX ET DESSINS

ADAM (Nanny)

1 — Ville d'Orient.

ADAM

2 — Modèle de berline.

Dessin rehaussé.

ALHEIM (D')

3 — L'Apparition.

BARNOUIN

4 — Sur le quai à Concarneau.

BASTIEN-LEPAGE

5 — Jeune berger.

Fusain

BEAULIEU (De)

6 — L'As de trèfle.

Dessin rehaussé.

BÉROUD (Louis)

7 — Au Musée du Louvre.

BOILLY

8 — Portrait d'homme.

BONVIN

9 — L'Ecole.

Panneau.

BOUCHER (D'après)

10 — Le But.

Deux pendants.

BOUDIN

11 — L'Estuaire.

BRAMTOT

12 — La Douleur de Job.

Signé et daté : Rome 1883.

CARPENTIER (A.)

13 — Cavaliers au repos.

COUGELOT

14 — Juana.

COUTURE (Attribué à)

15 — Portrait de Georges Sand.

DAUBIGNY

16 — Bords de l'Oise.

Fusain. Signé et daté 1872.

DELPY (H.-J.)

17 — La Seine à Conflans.

DETAILLE (Ed.)

18 — Fantassins.

Croquis à la mine de plomb.

ESPARBÈS (D')

19 — Nazareth.

Pastel.

FOURNIER (Louis-Edouard)

20 — Pic de la Mirandole.

GARNIER

21 — Aux Courses.

Esquisse.

GAVARNI

22 — Au Bal Mabille.

Au Prado.

Deux dessins rehaussés.

GRÉVILLE

23 — Scène de cabaret.

GREUZE (D'après)

24 — L'Oiseau mort.

GUÉRARD

25 — Scène chinoise.

Pierrot.

Deux feuilles d'éventail.

GUIDO RENI (D'après)

26 — Le Char du soleil.

GUT

27 — Portrait de Mlle Reichemberg.

Sanguine.

ISABEY

28 — Portrait d'une jeune femme.

JOANES

29 — La Flagellation.

LEPRINCE (Attribué à)

30 — Portrait d'une actrice.

LÉPINE

31 — Chemin en forêt.

Esquisse.

MARY

32 — Portrait de Mlle Cléo de Mérode.

Pastel.

MALLING

33 — Paysages.

Deux dessins à la sépia.

MEISTER (Wilhelm)

34 — Portrait d'un évêque.

Panneau.

MiLLET (J.-F.)

35 — Paysanne assise.

Fusain.

MOLENAER

36 — La Partie de cartes.

OUDRY

37 — Le Coq et la Perle.

Signé du monogramme.

RUBENS (École de)

38 — Les Saintes Femmes au Tombeau.

RUYSDAEL (École de)

39 — Grand Paysage animé.

Toile.

SCHALL ((Attribué à)

40 — Village africain.

Paysage animé. Gouache.

TÉNIERS (Attribué à)

41 — Le Pédicure.

VERNET (D'après JOSEPH)

42 — Deux Vues du port de Marseille.

Deux gravures par COCHIN.

VÉRON (A.-R.)

43 — La Rue du village. Matinée.

Signé et daté 1873.

VIBERT

44 — Étude de mauresque.

Aquarelle.

VIGNET

45 — Paysage sous la neige.

ECOLE FLAMANDE

46 — Le Christ et saint Pierre.

ÉCOLE FLAMANDE

47 — L'Adoration des Mages.
Peinture sur cuivre.

ÉCOLE FLAMANDE

48 — Prédication de saint Jean-Baptiste.

ECOLE FLAMANDE

49 — L'Adoration des bergers.

ECOLE FRANÇAISE

5o — La Rivière.
Paysage.

ECOLE FRANÇAISE

51 — Paysage.

52 — Figurine.

ECOLE HOLLANDAISE

53 — Le Jeune homme au chat.
La Jeune fille au singe.
Deux pendants.

ECOLE HOLLANDAISE

54 — La Lettre.

Panneau.

ECOLE HOLLANDAISE

55 — Grand paysage animé.

Panneau.

ECOLE ITALIENNE, XVIIe SIÈCLE

56 — Les Saintes et l'Enfant Jésus.

ECOLE ITALIENNE

57 — Le Christ au pressoir.

ECOLE ITALIENNE

58 — Festin dans l'Olympe.

Petite peinture sur panneau.

ECOLE FRANÇAISE

59 — Le Baiser.

ECOLE FRANÇAISE

60 — Portrait de jeune fille.

Pastel.

ECOLE FRANÇAISE XVIIIe SIÈCLE

61 — Portrait de jeune femme.

ECOLE FRANÇAISE XVIIIe SIÈCLE

62 — Chasse au cerf.

> Sanguine.

ECOLE FRANÇAISE

63 — Portrait de Voltaire.

> Pastel.

ECOLE FRANÇAISE XVIIIe SIECLE

64 — Portrait de jeune fille.

> Cadre en bois sculpté.

ECOLE FRANÇAISE 1830

65 — Portrait de femme.

> Toile ovale.

ECOLE FRANÇAISE

66 — L'Education de la Vierge.

ECOLE FRANÇAISE

67 — Les Bûcherons.

ECOLE FRANÇAISE DU XIXe SIÈCLE

68 — Enlèvement.

MINIATURES

ISBERT (Camille)

69 — L'Amour désarmé.

> Très fine miniature d'après Van Loo.
> Signée, datée 1897.

DUBOURG (A.)

70 — Jeune femme écrivant.

> Cadre à trompe l'œil orné de roses et de colombes.
> Miniature sur ivoire contenu dans un cadre en bronze doré.

P. GOMIER

70 *bis* — L'Enfant au sabre.

> Dessin rehaussé. Signé et daté 1830.

VINCENT

71 — Portrait d'homme.

> Signé et daté 1818.

72 — Bouquet de fleurs.

> Miniature sur ivoire, XVIIIe siècle.

73 — Portrait de femme en décolleté.

Premier Empire.

74 — Profil d'homme.

Miniature en imitation de camée.

75 — Portrait d'homme âgé.

Cadre ovale en or avec souvenir.

76 — Portrait d'homme, cheveux poudrés.

Miniature ronde.

77 — Portrait d'homme, cheveux poudrés. Habit à rayures XVIIIe siècle.

78 — Portrait d'homme.

Miniature ronde. 1830.

79 — Portrait de femme le sein découvert.

Ovale.

80 — Portrait d'homme au chapeau.

81 — Profil d'homme.

Procédé.

82 — Portrait d'enfant.

Miniature carrée.

83 — **Paysage.**

Peinture au vernis.

84 — **Portrait de femme debout.**

85 — **Louis XVI et Marie-Antoinette.**

Deux médaillons en ivoire sculpté.

86 — **Cadre en bois sculpté XVIIIe siècle.**

87 — **Objets omis.**